Der kleine Herr Paul macht Ferien

Martin Baltscheit wurde 1965 in Düsseldorf geboren. Nach einem Kommunikationsdesign-Studium in Essen war er Theatermitglied, Comiczeichner, Moderator, Sprecher, Autor und Illustrator. Er lebt in Düsseldorf. 2007 erschien von ihm und Zoran Drvenkar bei Bloomsbury K&J das Kinderbuch *Zarah*.

Ulf K. wurde 1969 in Oberhausen geboren. Nach einem Kommunikationsdesign-Studium in Essen mit Semester in Paris lebt er heute mit seiner Familie in Düsseldorf. 2004 wurde Ulf K. als bester deutschsprachiger Comiczeichner mit dem Max-und-Moritz-Preis ausgezeichnet.

M. Baltscheit · Ulf K.

Der kleine Herr Paul

macht Ferien

Bloomsbury K&J Taschenbuch

Impressum

Februar 2009
Die Originalausgabe erschien 2004 bei
Altberliner Verlag GmbH, Leipzig, München

Umschlaggestaltung: Rothfos & Gabler, Hamburg,
unter Verwendung einer Illustration von © Ulf K.
Druck und Bindung: GGP Media GmbH, Pößneck
Printed in Germany
ISBN 978-3-8333-5025-2

www.berlinverlage.de

Inhalt

Eine Handvoll Buchstaben 

Der Sommersonnentag 

Der Talentetauscher 

Die Perücke 

Das Kunstwerk 

Das Buch des L. 

Das wilde Sommerfest 

Eine Handvoll Buchstaben

Der kleine Herr Paul räumte auf. Es war Zeit zum Aufräumen, irgendwann war immer Zeit zum Aufräumen, vor allem, wenn das Telefon klingelte und er es nicht mehr finden konnte, weil es hinter hohen Bücherstapeln versteckt war. Bücher, die er noch lesen wollte oder schon gelesen hatte. Denn der kleine Herr Paul liebte das Bücherlesen über alles, er war ein Bücherwurm! Nein, er war natürlich kein Wurm wie ein Wurm, der in der Erde kriecht und nur bei Regen herauskommt, um zu duschen, er war ein menschlicher Bücherwurm, der Bücher liebte wie ein Bücherwurm aus Buchregalen.

Echte Bücherwürmer arbeiten sich durch die Bibliotheken, von links oben nach rechts unten und fressen alles, was man ihnen in den Schrank stellt. Aber sie sagen nicht: „Oh, wie raffiniert, ein Gedicht.“ Und auch nicht: „Ein Bilderbuch, so weich und süß!“ Diese Bücherwürmer leben vom Papier der Seiten und der Pappe ihrer Umschläge.

Eine Handvoll Buchstaben

Der kleine Herr Paul war ein menschlicher Bücherwurm, er lebte von Geschichten, aber er fraß nicht, er las.

An diesem Tag allerdings, nachdem es zehnmal geläutet hatte und das Telefon verschollen blieb, rief er aus: „Jetzt ist Ende!“ Damit meinte er Ende mit Lesen und Anfangen mit Aufräumen. Der kleine Herr Paul blickte von seinem Abenteuerbuch auf, das „Sturm am Ende der Welt“ hieß, und sah sich um. „Hallo Wohnung!“, sagte er, denn er war fort gewesen, war in Gedanken mit dem Schiff über das Meer gesegelt und hatte während eines Sturms in den Takelagen eines Schoners mit dem Klabautermann Mau-Mau gespielt.

Zwar konnte Herr Paul in den Bücherstapeln die Arme eines Kraken entdecken und der Abwasch in der Küche schlug Wellen mit grünen Schaumkronen, aber er war eindeutig nicht mehr in seinem Abenteuer. Trotzdem sagte er: „Ich fürchte weder Tod noch Teufel!“, legte das Buch zur Seite und krempelte seine Ärmel hoch. Jetzt wütete er selbst wie ein Sturm durch die Wohnung und heuerte noch zwei wilde Kameraden an, ehemalige Bauknechte aus dem Kabuff. Der eine hieß Milosch von Milbos, hatte eine gewaltige Lunge und konnte Staub auf hundert Meter Entfernung in sich hineinsaugen. Birger Besen hieß der andere, ein schmaler Mann mit einem breiten Bart. Der kleine Herr Paul und seine Gehilfen fegten, saugten, räumten und schäumten. Nach vier Stunden stellte Herr Paul Staubsauger und Besen wieder in die Kammer. Es war geschafft, alles war picobello, das Telefon gefunden. Alle gelesenen Bücher standen in den Regalen, jetzt noch einen Tee kochen und mit einer frisch gespülten Tasse auf den Balkon zum Lesen!

Der kleine Herr Paul ging in die Küche, da lag noch ein Haufen Kehricht auf dem Boden.

Herr Paul bückte sich. „Nanu? Das sind ja Buchstaben!“

Er nahm eine Handvoll auf und sah sie sich an. Die Buchstaben mussten beim Sortieren aus

den Büchern herausgefallen sein. Eine Reihe As waren dabei, aber auch Es, Us und viele Umlaute. Der kleine Herr Paul setzte sich an den Tisch. Vielleicht waren es einfach nur Buchstaben, die der Bücherwurm nicht mochte? Aber die Buchstaben sahen nicht schlecht aus oder krank. Sie waren gesund und sehr hübsch, alle sehr verschieden, viele hatten kleine Füße am Ende ihrer Linien und manche waren ohne Schuhe unterwegs.

Einige waren größer als die anderen, manche auch sehr fett, aber alle waren tiefschwarz und sahen einsatzbereit aus.

‚Vielleicht hatten sie Angst gefressen zu werden und sind vor dem Bücherwurm geflohen', dachte Herr Paul, doch dann fiel ihm ein, dass er der einzige Bücherwurm in seiner Wohnung war, und er breitete die Buchstaben vor sich aus. Da lagen sie nun faul in der Sonne, und er versuchte ein Wort aus ihnen zu bilden. Es ging ganz gut, sogar ein kleiner Satz war möglich: Regenland ist nah. Andere Worte hießen Rosenfisch, Herzwolke oder Flügelblume. Und dann musste der kleine Herr Paul lachen über Brotfurz und Bartborsteln.

„Das gibt ja alles überhaupt keinen Sinn!“, rief er, nahm die pfeifende Kanne vom Feuer und goss das Wasser in eine Tasse. Vielleicht konnte er jemandem mit den Buchstaben eine Freude machen. Er könnte sie in einen Umschlag stecken und einem Schriftsteller schenken. Eine gute Idee, der kleine Herr Paul würde zu seinem Lieblingsschriftsteller gehen, an der Tür klingeln und sagen: „Guten Tag, verehrter Schriftsteller, ich habe alle Ihre Bücher gelesen und möchte Ihnen etwas schenken!“

Aber der Schriftsteller könnte ihn falsch verstehen und sagen: „Was schenkst du mir Buchstaben, gefallen dir meine nicht? Was soll ich mit deinen Worten? Geh und erzähl deine eigenen Geschichten!“

Der kleine Herr Paul rührte mit einem Löffel im heißen Wasser, bis ein Kegel Luft mit der Spitze nach unten zeigte. Ein Sog, ein Sog zum

Mittelpunkt der Erde. Herr Paul nahm einen der Buchstaben und warf ihn ins Wasser. „AAA!“, schrie das A, und er fischte es sofort wieder heraus.

„Oh Verzeihung!“, sagt er und trocknete den Buchstaben mit einer Serviette ab. „Das tut mir leid, ich habe nicht nachgedacht …“ Zum Glück erholte sich das A schnell wieder.

Der kleine Herr Paul nahm neue Buchstaben und legte sich ein Wort zurecht. Es brauchte eine Weile, denn für Pfefferminz fehlte ein drittes F und Kamille mochte Herr Paul nicht. Aber dann hatte er Glück, Jasmin funktionierte. Er nahm die sechs kleinen Buchstaben, legte sie auf den Löffel und schickte sie baden. Die Buchstaben fielen ins Wasser, lösten sich auf und der Jasmintee schmeckte köstlich.

Nun holte sich der kleine Herr Paul ein großes Glas, füllte es mit kaltem Wasser aus dem Hahn und legte sich ein neues Wort zurecht: Sturm! Den Sturm warf er ins Glas und wartete ab. Zuerst passierte nichts. Herr Paul ging dichter heran und berührte mit der Nase den Rand des Glases.

Da begann sich die Oberfläche des Wassers zu kräuseln, die Wellentäler wurden tiefer, ein kräftiger Wind blies von Süd-Süd-Ost über das kleine Meer.

Herr Paul sah auf die Worte, die er sich schon zurechtgelegt hatte. Er warf alle hinein. Und dann begann es zu regnen! Kleine Tropfen fielen ins stürmische Wasserglas, und jetzt lösten auch die anderen Worte ihr Versprechen ein. Ein kleines Segelschiff tauchte auf, es hieß Rosenfisch, Herzwolken erschienen und viele winzige, gelbe Flügelblumen flatterten in der Luft. Plötzlich stieg ein garstiger Brotfurz aus den Tiefen des Glases heran und schwemmte eine Reihe grüner Bartborsteln an die Oberfläche. Die Bartborsteln blühten auf und die Flügelblumen setzten sich auf die offenen Kelche. Schön sah das aus und was für ein Duft!

Nach einer halben Stunde hatte der kleine Herr Paul fast alle Worte verbraucht und spürte, wie müde er geworden war. Es war ein anstrengender Tag gewesen. Er nahm die restlichen Buchstaben und steckte sie in seine Hosentasche, vielleicht konnte er sie noch gebrauchen, wenn er unterwegs war und nichts zu lesen dabeihatte.

„Ich bin ein menschlicher Bücherwurm, und Bücherwürmer haben immer etwas zum Naschen in der Tasche!“, gähnte der kleine Herr Paul. Dann ging er ins Bett, freute sich über die aufgeräumte Wohnung und schlief bald ein.

Der Sommersonnentag

Der kleine Herr Paul hatte seine Wohnung aufgeräumt und war sehr zufrieden. Jetzt waren alle Bücher in den Regalen, aller Staub im Sack und die Fenster so sauber, als wären sie gar nicht da. Der kleine Herr Paul setzte sich in seinen liebsten braunen Sessel und sah aus dem Fenster. Die Sonne schien, kein Wunder, es war ja Sommer. Und außerdem schien die Sonne doch immer. Mit ihr war es wie mit der guten Laune, die gute Laune war auch immer da, nur manchmal hingen eben Wolken davor. Es roch noch nach Putzmittel, und der kleine Herr Paul ging ans Fenster und rief: „Na, dann lassen wir doch mal die Sonne rein!“

Er sperrte das Fenster weit auf und machte aus seiner Wohnung sozusagen ein Cabrio. Ein Seitencabrio, denn das Dach der Wohnung ließ sich ja nicht aufkurbeln wie das Faltdach bei einem Auto. Wenn er ohne Dach sein wollte, dann müsste er rausgehen, aber Herr Paul wollte nicht rausgehen auf die Wiese oder in den Garten, er wollte in seinem Sessel sitzen, ein neues Buch anfangen und die Sonne fensterlos über den Teppich krabbeln lassen. Bis zu seinen Füßen würde die Sonne kommen und jeden Zeh einzeln wärmen.

Der kleine Herr Paul zog schon einmal die Schuhe aus und legte sie auf den Hocker. ‚Füße werden nur sehr selten braun, und fast nie von unten, außer bei den Antipoden', dachte er. Die Antipoden, das hatte er in einem Buch gelesen, waren die Menschen, die auf der anderen Seite der kugelrunden Erde lebten, sie gingen, so erzählte das alte Buch, mit den Köpfen nach unten, weil auf der anderen Seite der Erde alles verkehrt herum funktionierte.

Sie liefen auf Händen und hielten die nackten Sohlen in die Sonne. Wahrscheinlich trugen die Füße dort keine Schuhe, sondern Hüte. Fußhüte, und an den Händen hatten die Antipoden festes Handwerk, mit Fingersohlen und Schäften bis zum Ellenbogen. Von der Sonne verbrannte

Fußsohlen waren bei den Antipoden bestimmt keine Seltenheit. Der kleine Herr Paul stand auf und machte einen Handstand, es war sehr leicht, sich in die Welt der Antipoden hineinzudenken, man musste sich einfach nur auf den Kopf stellen.

Es klingelte, der kleine Herr Paul ging auf den Händen zur Tür und öffnete mit den Füßen.

„Guten Tag!", sagte eine Frau mit kugelrundem Kopf, der sehr hell leuchtete.

„ollaH!", sagte der kleine Herr Paul. Das war antipodisch und hieß soviel wie „Hallo!"

Die fremde Frau neigte ihren Kopf zur Seite und fragte: „Sie sprechen antipodisch?"

„Jaja! Und ich sehe die Welt mit anderen Augen!"

„Wie schön für Sie. Und was sehen Sie?"

„Eine Laufmasche!"

Die Fremde sah an sich hinunter. „Holla! Das passiert mir immer, ich werde die Strumpfhose ausziehen, es ist ja auch viel zu heiß!"

Dem kleinen Herrn Paul wurde es auch zu heiß, und er stellte sich wieder auf die Beine. Die Fremde mit dem leuchtenden Kopf hielt ihre Strumpfhose in der Hand und lächelte. „Ein Glas Wasser hätte ich gerne."

Herr Paul ging, um ein Glas Wasser zu holen. Als er der Frau das Glas reichte, trank sie nicht, sondern goss es sich über den Kopf. Aber noch bevor das Wasser ihre Haare berührte, war es schon verdampft.

„Ui!", sagte der kleine Herr Paul. „Toller Trick!"

„Oh!", sagte die Frau. „Ich kann noch mehr. Eier koche ich in zwei Sekunden und Ihre Heizung können Sie wegen mir sofort abschalten. Drehen Sie die Glühbirnen raus, ich mache Licht für tausend Jahre. Genau genommen noch für 4 Milliarden 798 tausendsiebenhundertvierunddreißig Jahre, haben Sie noch ein Glas Wasser für mich?"

Diesmal bat der kleine Herr Paul die fremde Frau, gleich mit ihm ins Badezimmer zu kommen.

Sie hielt sich die Dusche über den Kopf. Das Wasser verdampfte, und eine kleine Wolke bildete sich.

„Na, mach schon, dass du verschwindest!“, rief die Frau der Wolke zu und pustete heiße Luft in ihre Richtung.

„Was wollten Sie denn eigentlich bei mir, Verehrteste?“, fragte der kleine Herr Paul die Fremde und sah dabei der Wolke nach, wie sie verärgert das Zimmer verließ.

„Ich? Sie haben mich doch gerufen!“, sagte die Fremde und strahlte hell.

Der kleine Herr Paul wischte sich zwei Tropfen Schweiß von der Stirn. „Ich habe Sie gerufen?“

Die Fremde füllte sich noch ein Glas mit Wasser und ging ins Wohnzimmer. Dort setzte sie sich in den braunen Sessel: „Sie haben gesagt: ‚Na, dann lassen wir doch mal die Sonne rein!‘ Und da bin ich! Die anderen kommen gleich nach, was gibt’s im Fernsehen?“

Der kleine Herr Paul wusste nicht, was es im Fernsehen gab, er hatte keinen Fernseher, und er hatte auch keine Sonne bestellt, das war doch nur so eine Redensart. Jemand klopfte an die Zimmertür. Herr Paul öffnete.

Eine große graue Wolke hatte sich vor der Tür breitgemacht und vor ihr schwebte die kleine Wolke, die von der fremden Frau vertrieben worden war.

„Sonne! Hast du meinen Sohn hier angepustet?“, fragte die dicke Wolke.

„Reg dich ab, Cumulus!“, sagte die Sonne und schüttete sich das Glas Wasser ins Gesicht. Es verdampfte sofort, und die kleine Wolke stopfte sich den Dampf in die Backen.

„Na, siehst du“, sagte die Sonne, „er wächst doch schon wieder. Fangen wir an und machen unsere Arbeit!“

Der kleine Herr Paul sah, wie sich die Sonne in die Luft erhob und in die Zimmerecke schwebte. Dann kam die große Wolke herein und breite-

te sich in alle Zimmer aus und sagte: „Von mir aus kann's losgehen!“

„Moment noch! Wohin sollen wir denn regnen, es ist doch noch gar keine Erde da!“, rief die kleine Wolke.

Die Sonne kam hinter den Wolken hervor: „Das ist ja mal wieder typisch, steckt wahrscheinlich noch im Frost!“

In diesem Augenblick erhob sich die Erde aus den Blumentöpfen auf der Fensterbank und latschte schmutzig, braun und laut ins Wohnzimmer. Sie lief über und unter alle Teppiche, Tische und Stühle, türmte sich auf und legte sich nieder.

„Haha!“, rief sie unüberhörbar. „Nix Frost! Ich bin schon da! Ich bin immer schon zuerst da.“

Bald lagen Gebirge und Äcker überall in der Wohnung des kleinen Herrn Paul, und er rettete sich mit einem Sprung auf seinen Lieblingssessel.

Der Sommersonnentag

„Können wir jetzt anfangen?“, rief die Wolke, und die Sonne schwebte gleich nach oben, rief „Von mir aus!“, und versteckte sich. Kurz danach begann das Sommertheater.

Vorhänge aus schweren Wolken öffneten sich, ließen vereinzelte Strahlen hindurch, schlossen sich wieder und machten nach einem langen Sommerregen Platz für einen majestätischen Auftritt der Sonne. Und es dauerte gar nicht lange, bis Blumen und Gräser, Büsche und Bäume aus der Erde wuchsen, weite Wiesen im Flur, ein tiefer Wald in der Bibliothek und ein frisches Kräuterbeet in der Küche. Die Fenster standen offen, und der Duft der Blumen rief die Vögel und Bienen von draußen herbei. Sie kamen in die Wohnung und brachten auch die Insekten mit. Tiere kamen aus Höhlen und Bauten, denn der Sommer war gekommen. Es rauschte und summte zwischen Schlaf- und Wohnzimmer, die Vögel bauten ihre Nester und zwitscherten ihre Lieder.

Es war laut, es war voll, es war schön, der Sommer genügte sich selbst. Und der kleine Herr Paul, der legte sich unter einen Baum und las das Buch von der „Reise zu den Antipoden“.

Der Talentetauscher

Der Sommer war gekommen, Ferienzeit! Der kleine Herr Paul ging ans Fenster und sah hinaus. Gegenüber auf einem großen Plakat war eine Frau zu sehen, sie lächelte. „Jetzt neu!“ stand auf dem Plakat. Was war bloß neu, fragte sich der kleine Herr Paul, war es die Frau oder waren es ihre weißen Zähne?

‚Es ist das Plakat‘, dachte er, ‚das Plakat ist neu, und der Sommer ist neu, die kleinen Blumen, die ihre Köpfe aus der Erde stecken, sind neu, überhaupt alles ist neu, an diesem ersten Sommertag.‘

Nur bei dem kleinen Herrn Paul war nichts neu.

Alte Möbel, alte Bücher, altes Radio. Er ging ins Bad. Alte Wanne, alter Schrank, alter Paul im Spiegel. Der kleine Herr Paul versuchte zu grinsen. Alte Zähne.

„Jetzt alt!“, sagte er und streckte dem Spiegel die Zunge heraus.

Vielleicht half ein Spaziergang.

Auf der Straße wurde es nicht besser, ein Haus wurde abgerissen, „Neue Wohnungen" stand auf einem Schild, der Autohändler an der Ecke zeigte ein neues Modell, und am Ende des Spazierganges kam der kleine Herr Paul am Friedhof vorbei. „Jetzt neu!" stand auf einem Grabstein, aber darüber konnte der kleine Herr Paul nicht lachen.

„Neue Talente! Tausche Talente!", rief ein Mann hinter einem Karren mit vielen bunten Kisten darauf.

Herr Paul kam näher, blieb vor der Auslage stehen und fragte: „Was denn für Talente?"

Der Mann zeigte auf die Kisten: „Alle Talente, mein Herr, nur die allerfeinsten Talente. Hier zum Beispiel, das ist eine Stimme, die betört, hier ein Schnarchen, das nicht stört, und dort drüben herrliches Geigenspiel, ohne zu üben. Nicht malen nach Zahlen, sondern malen aus dem Kopf, die Welt aufs Papier, das haben wir hier."

Herr Paul staunte. „Talente? Ich kann alles haben, auch was Neues?"

Der Mann räusperte sich. „Was Neues? Hier ist alles neu, ich meine, es ist gebraucht, das heißt, es ist gut getestet. Ich habe nur Talente, die sich bewährt haben. Hier, mein Bester, Sie sehen aus wie jemand, der gerne mal die Bassgeige zupfen würde oder was ist mit Fußballspielen? Ich weiß von vielen, die würden gerne Fußball spielen. Und, oder, auch, ich denke, dass ein Mann Ihrer Sphäre gerne einmal größer wäre!"

„Ist Größe denn ein Talent?", fragte der kleine Herr Paul und stellte sich auf die Zehenspitzen.

Der Mann breitete die Arme auseinander. „Aber ja, aber ja, Größe und Schönheit und Klugheit! Alles muss man pflegen und üben, und überhaupt ist jeder Mensch voller Talente, hüben wie drüben!"

Herr Paul sah auf die Kisten. „Also gut. Dann hätte ich gerne einmal Jugend. Ist sie da in dem roten Päckchen?"

Der Mann sah über seine Ware. „Nein, in dem roten steckt die Liebe, die Jugend ist das kleine hier, das weiße, da sehen Sie, sehr winzig, da muss ich mich bequemen und eine Pinzette nehmen."

Er nahm eine Pinzette aus seiner Brusttasche und fingerte ein winziges Kästchen zwischen den anderen Verpackungen hervor. Der kleine Herr Paul war beruhigt, die Jugend war klein und bestimmt nicht teuer.

„Was macht das?", fragte er.

Der Mann hielt die Jugend in der Hand und stutzte.

„Was macht was? Die Jugend macht dumm, das Alter macht klug, die Jugend macht blind, das ist der Bezug, doch Jugend ist schön, der Rest ist gegeben, Erfahrung in Jahren heißt jugendlich leben."

„Nein, ich meine: Was kostet es?"

„Kosten? Das kostet nix, ich verkaufe doch nicht, ich tausche!"

Neue Straße
Neu
Neu
NEU

Der kleine Herr Paul, der sich schon auf einem Roller durch die Straßen flitzen sah, verstand nicht gleich. Und der Händler erklärte: „Na, ich lebe vom Tausch! Das ist besser, als von Geld zu leben. Wie sagte mein Vater immer: Willst du ein Talent von mir, musst du geben was von dir. Aber schauen Sie, die Jugend hier in dem Kästchen ist eine schöne Jugend, glauben Sie mir, ich habe sie von einem Mädchen, das war so jung und frisch und neu, sein Lachen war wie eine Sonne auf Glitzerwasser, so eine schöne Jugend haben Sie noch nie gesehen, und wenn Sie Jugend haben wollen, dann müssen Sie mir ein Talent geben, das den gleichen Wert hat. Kapiert?"

Der kleine Herr Paul hatte kapiert und überlegte.

„Was können Sie denn?" fragte der Talentetauscher.

„Ich kann lesen."

Der Talentetauscher blies die Backen auf und ließ die Luft mit einem Pfiff heraus. „Ei, er kann lesen, na, das ist ja was. Dafür gebe ich Ihnen das hier.“ Er zog ein größeres Paket aus der Tasche. „Darin ist das Buch eines unbekannten Schriftstellers. Das Buch ist nicht berühmt, aber der Schriftsteller war ein großes Talent. Geben Sie mir Ihr Geschick, lesen zu können, und ich gebe Ihnen das Buch.“

Herr Paul schüttelte den Kopf. „Aber was soll ich mit einem Buch, wenn ich nicht mehr lesen kann?“

Der Talentetauscher steckte das Buch zurück in die Tasche.

„Was hat denn das Mädchen bekommen, das mit der Jugend, meine ich“, fragte Herr Paul.

„Geld! Viel Geld, jetzt braucht es keine Talente mehr, kann sich alles kaufen. Geben Sie mir Ihre Hand!“

Der kleine Herr Paul streckte die Hand aus.

„Nein, nicht zum Schütteln, zum Tauschen! Machen Sie sie ab, und ich gebe Ihnen fünf Jahre Jugend dafür.“

„Meine Hand? Das ist zuviel!“, rief der kleine Herr Paul. „Ich gebe doch nicht meine Hand für fünf Jahre Jugend.“

„Naja … Manche geben ihren Verstand für zehn!“ Der Talentetauscher ließ nicht locker. „Geben Sie mir einen Arm, und ich mache Sie zwanzig Jahre jünger! Oder geben Sie mir Ihre Stimme, Sie haben eine schöne Stimme, ich gebe Ihnen eine kleine, fiese Stimme und dafür bekommen Sie zwei lange Beine und Muskeln und Haare auf der Brust.“

Den kleinen Herrn Paul interessierten keine Haare auf der Brust, und wenn er es genau betrachtete, wollte er auch keine Jugend mehr, er wollte nur etwas Neues, vielleicht … vielleicht ein neues strahlendes Lächeln.

„Was wollen Sie für ein strahlendes Lächeln?!“, fragte er, und der Talentetauscher sagte: „Ein solches Lächeln tausche ich gegen …“

Da blieb eine alte Frau bei den Männern stehen und sah auf die bunten Kisten. Sie seufzte und sagte: „Ach, ich wäre gern noch einmal so jung und hübsch wie der da." Sie zeigte auf Herrn Paul.

„Was kannst du tauschen?", fragte der Talentetauscher, und die alte Frau sagte: „Ich gebe dir alles, was ich erlebt habe."

„Gut!", sagte der Mann. Sie gaben sich die Hand, und die alte Frau verwandelte sich in eine junge hübsche Frau. Als sie sich selbst in einem kleinen Spiegel sah, lachte sie auf und sprang davon.

Der Talentetauscher begann, seine Kisten der Größe nach zu ordnen und seufzte. „Ich glaube, wir zwei kommen nicht ins Geschäft, aber ich will nicht kleinlich sein, ich tausche ein schönes Lächeln gegen einen guten Witz!"

Ein Witz, das war doch was. Der kleine Herr Paul überlegte, er kannte einen guten Witz mit einer Schildkröte und einem Schwein aus Texas. Er erzählte den Witz, und der Talentetauscher lächelte. Es war ein schönes Lächeln, und es war ansteckend. Der kleine Herr Paul nahm das Lächeln und verabschiedete sich freundlich.

‚Was für ein gutes Geschäft', dachte er auf dem Weg nach Hause. Als er an dem großen Plakat vorbeikam, lächelte er der Frau darauf zu. Und so, wie es aussah, lächelte sie auch zurück.

Die Perücke

Der kleine Herr Paul wollte eine Reise machen, aber eine Reise gab es nicht umsonst, sie kostete Geld, mindestens hundert Kronen. Der kleine Herr Paul hatte kein Geld, er gab immer alles für Bücher aus. Nun kramte er in seinen Taschen, aber da waren nur ein paar Buchstaben, mit denen konnte er keine Reise bezahlen. Dabei hatte er im Schaufenster des Reisebüros ein vielversprechendes Schild gesehen: „Antipoden 1 Woche Vollpension 500 Kronen."

Herr Paul hatte nicht einmal Geld für das Taxi zum Flughafen. Möglich wäre höchstens eine Reise an den Strand. Dorthin fuhr ein Zug, es gab ein Hotel und alles zusammen für 66 Kronen die Woche.

Der kleine Herr Paul ging auf die Bank.

„35 Kronen Guthaben", sagte der Mann hinter dem Schalter.

35 Kronen, das war gut zu haben, aber zu wenig für einen Urlaub. Herr Paul musste sich etwas hinzuverdienen. Am Wochenende war Trö-

delmarkt auf dem Marktplatz, das war eine gute Gelegenheit.

Oben auf dem Speicher des Hauses fanden sich nicht nur Unmengen alter Bücher, sondern auch ein geblümtes Kleid seiner Großmutter als sie noch jung gewesen war und eine blonde Perücke mit Zöpfen. Herr Paul packte alles ein, was er nicht mehr gebrauchen konnte, und trug am Sonntag fünf volle Kisten zum Marktplatz. Er baute seinen Stand auf, versteckte sich hinter den Büchern, er las und wartete auf Kundschaft. Viele Menschen gingen vorbei, aber niemand kaufte etwas, denn keiner wollte ihn beim Lesen stören.

„Was ist? Läuft es nicht?“, fragte der Mann mit dem Tisch voller Porzellan.

Der kleine Herr Paul schüttelte den Kopf.

„Du musst Werbung machen!“, sagte sein Nachbar. „Mach auf dich aufmerksam! Setz dir einen verrückten Hut auf oder so, dann gucken sie!“

Die Perücke

Herr Paul hatte keinen verrückten Hut. Er überlegte. Er hatte nur die blonde Perücke mit Zöpfen. Er setzte sie auf und sah aus wie ein Mädchen mit einem runden Mondgesicht, sehr hübsch.

„Sehen Sie mal! Jetzt bin ich Paula!“, sagte er zu seinem Nachbarn, und der grinste: „Fehlt nur noch ein Kleid!“

Kein Problem, der kleine Herr Paul zog das Kleid seiner Großmutter über Hemd und Hose, und so begann Fräulein Paula, Bücher zu verkaufen. „Schöne Bücher, schöne, schöne Bücher!“

Ein paar Kinder blieben am Tisch stehen: „Hast du auch Bilderbücher?“

„Na klar! Bilderbücher und Comics“, sagte das freundliche Fräulein.

Die Kinder suchten sich etwas aus, und das Fräulein machte einen Sonderpreis. Dann kam eine Frau und suchte ein Kochbuch. Fräulein Paula empfahl eines und verkaufte es mit Sonderrezept und Kochlöffel. Für Fräulein Paula war es

überhaupt nicht schwer, mit den Frauen ins Gespräch zu kommen, und sie lachten und scherzten, als wären sie auf einem Witzemarkt. Fräulein Paulas Bücherstand war bald der meistbesuchte Stand auf dem Markt. Paula setzte fast alles ab und was übrig blieb, das schenkte sie dem Nachbarn mit dem Porzellan.

„Sie haben mir sehr geholfen!“, sagte sie und machte einen Knicks. Dann packte sie zusammen und zählte ihr Geld. Es waren 85 Kronen! Mehr als genug für einen Urlaub am Strand und für ein Bierchen am Feierabend!

Der kleine Herr Paul beschloss, sich etwas zu gönnen und kehrte im Wilden Hirsch ein. Er ging nicht oft in den Wilden Hirsch, denn es war eine düstere Kneipe.

Die Männer saßen dort unter sich, sprachen über Frauen, Fußball und Geschäfte. Heute war der kleine Herr Paul auch ein Geschäftsmann, und eben solche gingen in den Hirsch und tranken ein Bier oder zwei.

FC

Herr Paul setzte sich auf einen Hocker an den Tresen und bestellte. Das Getränk kam, er trank es mit einem Mal aus, stellte das Glas auf die Theke und sagte: „Herr Wirt, bitte noch einmal die Luft aus dem Glas lassen!“

Das bedeutete, er wollte noch eins. Der Wirt sah ihn an, nickte anerkennend und machte ein zweites.

Neben dem kleinen Herrn Paul saß Bauer Bottermeyer. Er hatte den größten Hof in der ganzen Gegend. Siebzig Kühe, zehn Schweine, zwei Pferde und einen Stall voller Hühner, nur eine Frau hatte er nicht, deshalb ging er auch jeden Abend in den Wilden Hirsch um dort zu essen, weil er selbst nicht kochen konnte.

„Darf ich Sie einladen?“, fragt Bottermeyer den kleinen Herrn Paul. Der wunderte sich, der Bauer hatte ihn bisher noch nicht einmal gegrüßt, wenn er auf seinem Hof am Sonntag frische Milch holen ging.

„Aber gern!“, sagte er.

Die Getränke kamen, die beiden prosteten sich zu und tranken.

„Und“, fragte der kleine Herr Paul, „alles gut mit Rind und Schwein?“

Der Bauer sah ihn an. „Sie kennen mich?“

„Na klar! Milch, Schwein, Huhn und Eier gibt es nur bei Bottermeyer!“

Bottermeyer freute sich. „Noch ein Glas?“

Der kleine Herr Paul nickte, das lief ja heute wie am Schnürchen. Bücher verkauft, Reisegeld verdient und jetzt auch noch eingeladen werden, er wusste gar nicht, womit er das verdient hatte.

„Womit habe ich denn das verdient?“, fragte er Bauer Bottermeyer und zwinkerte ihm zu.

Bottermeyer wurde verlegen und die anderen Männer im Wilden Hirsch hörten auf zu sprechen. Sie warteten die Antwort ab. Bottermeyer zierte sich, blickte auf den Boden und sagte: „Ach, nur so … weil Sie so nett sind!“

Die Männer im Hirsch raunten und nickten mit den Köpfen.

„Nett? Dass Ihnen das erst jetzt auffällt?! Sie haben mich doch schon öfter gesehen!“ Der kleine Herr Paul musste lachen, was war dieser Bottermeyer doch für ein vergesslicher Mensch.

Bottermeyer rief: „Ich? Aber niemals! Sie wären mir doch sofort aufgefallen. So etwas Hübsches habe ich mein ganzes Leben noch nicht gesehen!“

Noch lauter raunten die Männer im Hirsch, und Bottermeyer machte eine breite Brust.

Der kleine Herr Paul sah sich um. Die Kerle starrten ihn an. Er fragte: „Und Sie, meine Herren, wie steht es mit Ihnen, haben Sie auch noch nie so etwas Hübsches gesehen?“

Die Männer nickten eifrig und wurden laut, sie riefen durcheinander, nein, so etwas Hübsches hätten sie noch nie gesehen! Dann boten sie sich an, dem kleinen Herrn Paul noch ein Getränk auszugeben. Sie standen auf und umringten ihn, fuhren fort ihm Komplimente zu machen; wie witzig er sei, wie niedlich und klein, wie gewandt er ein Bier zu trinken verstand, wie gerne man so ein hübsches Mädchen doch einmal küssen wollte und wie hübsch seine blonden Zöpfe zu dem geblümten Kleid passten!

Der kleine Herr Paul schwieg, fühlte an seinen Haaren und sah … auf das Kleid! Er hatte sich gar nicht umgezogen nach dem Trödelmarkt. Die Männer dachten, er sei ein Mädchen!

Bottermeyer sah, wie sich die Kerle um das Fräulein drängten, ihm schmeichelten, es zu einer Bootsfahrt einluden, zum Tanzen, zum Spazierengehen im Mondschein und er drohte ihnen Prügel an, wenn sie nicht damit aufhörten. Er wäre schließlich zuerst da gewesen!

Das Fräulein Paula ging derweil auf die Toilette, es zog Kleid und Perücke aus, Hemd und Hose kamen zum Vorschein, und es wurde wieder der kleine Herr Paul.

In der Wirtsstube flogen inzwischen die Gläser tief. Als der kleine Herr Paul den Wilden Hirsch verließ, gingen die Männer wie wilde

Hirsche aufeinander los, und der fremde kleine Mann von der Damentoilette entkam unbemerkt durch den Hinterausgang.

Das Kunstwerk

Der kleine Herr Paul war in den Urlaub gefahren. Er hatte ein wunderbares Einzelzimmer mit Frühstück und Blick auf das Meer gebucht. Am Meer war er noch nie gewesen, doch die Fotografien im Prospekt versprachen einen weiten Blick und blauen Himmel.

„Was für eine Aussicht!“, sagte er am ersten Morgen, als er beim Frühstücken durch das Fenster seines Zimmers auf den Strand sah. „Man sieht … nichts!“

Der Regen fiel wie dichtes Haar vom Himmel.

Die Wirtin brachte heißen Tee und sagte: „Regentage sind Museumstage. Wenn Sie heute was sehen wollen, gehen Sie ins Museum!“

Der kleine Herr Paul kannte den Spruch eigentlich anders: Regentage sind Lesetage! Schon als Kind saß er bei schlechtem Wetter lieber zu Hause und las. Er mochte das Museum nicht, zu viele Bilder, deren Sinn sich zu gut versteckt hatte.

Aber jetzt war er nicht zu Hause und auch kein Kind mehr, und so folgte er dem Rat seiner Wirtin.

Das Museum war groß, es schien oft zu regnen in dieser Gegend.

Das erste Bild zeigte eine Reihe Frauen, die zu dünn angezogen waren und denen Herr Paul gerne seine Jacke geliehen hätte. ‚Manches Bild braucht mehr als tausend Worte, um es zu beschreiben', dachte der kleine Herr Paul und versuchte, die Pinselstriche zu zählen, weil er sich ausrechnete, dass ein Pinselstrich genauso viel wert sein müsste wie ein Wort. Die leuchtenden Farben waren schön wie Sätze.

Es gab auch aufgeteilte Bilder, ganz so wie die Kapitel in einem Buch. Bilder waren Bücher, wer wollte, konnte in ihnen lesen. Und sogar Geräusche hören.

Auf einem Gemälde wurde die Göttin der Schönheit geboren, und es rauschte, weil sie auf einer Muschel stand und geradewegs aus dem Meer kam.

‚Hörspielbilder', dachte der kleine Herr Paul und hörte schon den Lärm aus dem nächsten Raum. Dort standen Skulpturen aus Marmor. Manchen von ihnen fehlte ein Arm oder sogar beide Arme. Was die fehlenden Hände wohl gehalten hatten? Badetuch und Sonnenöl? So, wie es aussah, gingen die Menschen früher gerne schwimmen, denn alle Figuren waren nackt und blitzsauber.

Ein seltsames Bild hing an der Wand. Schon wieder hatte es mit Schwimmen zu tun. Auf einer Wiese war das große Becken eines Springbrunnens zu sehen, in dessen Mitte das Wasser sprudelte. Von links kamen reichlich alte Frauen mit Pferden, Wagen und Karren heran. Die meisten konnten sich kaum auf den Beinen halten und wurden getragen.

Dann geschah etwas Sonderbares, die alten Frauen zogen sich aus, gingen ins Wasser und je weiter sie hinüber schwammen, umso jünger wurden sie! Am Ende entstiegen junge Mädchen dem

Wunderbrunnen und wurden von festlich gekleideten Männern erwartet. So etwas hatte der kleine Herr Paul noch nicht gesehen. Ein Bad, das jünger machte, und zwar nur Frauen! Er vertiefte sich in das Bild, hörte Lachen, hörte Musik, er sah die Frauen in neuen Kleidern mit den Männern unter schattigen Bäumen tanzen. Er versank so sehr in der Geschichte des Bildes, dass er alles um sich herum vergaß.

Mitten im Raum blieb er stehen, eine Hand am Kinn, den Kopf etwas schief, so, als wäre er selbst eine Skulptur.

„Was ist denn mit dem? Der bewegt sich ja gar nicht!“, flüsterte ein Besucher und zeigte mit dem Finger auf den kleinen Herrn Paul. Seine Frau antwortete: „Vielleicht ist es moderne Kunst?“

Der Mann schüttelte den Kopf. „Aber der sieht doch aus wie ich!“

„Du hast recht“, sagte die Frau, „dann ist es keine Kunst.“

Der kleine Herr Paul hörte die beiden, und er war neugierig, ob die anderen Besucher auch etwas sagen würden.

„Wie echt der aussieht!“, sagte eine Dame, und ein Herr mit Brille meinte: „Was für eine hübsche Miniatur.“

Als ein Besucher den kleinen Herrn Paul anfassen wollte, rief der Museumswärter: „Das Berühren der Skulpturen ist verboten!“, und holte eine rote Kordel, die er in einem Viereck um Herrn Paul herum spannte.

Der hielt still, er grinste auch nicht, obwohl ihm sehr danach war, aber eine gute Skulptur muss Haltung bewahren. Die Menschen begannen sich Geschichten auszudenken.

„Vielleicht ist er ein König? Der König der kleinen Leute“, sagte einer.

„Ich glaube, das ist ein Denkmal, man soll denken, bevor man sich bewegt!“, sagte ein anderer und ein Dritter: „Ich denke, der fragt sich nur, wo es hier zur Toilette geht.“

Der kleine Herr Paul fragte sich tatsächlich etwas. Er dachte darüber nach, ob er nicht wirklich ein Kunstwerk sein könnte. Arme und Beine hatte er wie eine Skulptur, und er war so bunt wie ein gemaltes Bild. Frauen zum Beispiel malten sich ihre Gesichter an, Männer trainierten ihre Muskeln, bis sie aussahen wie griechische Götter. Jeder achtete auf seine Kleidung und suchte die Tapete in seinem Wohnzimmer selbst aus. Ja, der kleine Herr Paul fühlte sich wie ein Künstler, der nur ein einziges Kunstwerk geschaffen hatte, sich selbst.

Vielleicht wollte ihn niemand kaufen, aber für sich selbst war er unbezahlbar. Wie Freunde, die wertvolle Einzelstücke sind und Freundschaften eine persönliche Kunstsammlung. Ein guter Freund war wie ein Bild, je älter er wurde, umso teurer war er.

Nach diesen Überlegungen wollte der kleine Herr Paul über die rote Kordel steigen und seinem besten Freund eine Postkarte aus dem Urlaub

schreiben, aber das Kunstwerk Paul konnte sich nicht bewegen, das Kunstwerk Paul war steif und hölzern.

‚Ich habe zuviel nachgedacht, jetzt bin ich ein Denkmal!', schoss es Herrn Paul durch den Kopf. Er wollte um Hilfe rufen, aber seine Zunge war schwer wie ein Stein. Niemand half, der kleine Herr Paul hatte sich versteift, und nun stand er wie angewachsen auf dem Holzboden des großen Saales.

„Seht mal, sieht aus, als hätte die Figur Angst!", kicherte ein Mädchen. Ein Student kam und skizzierte Herrn Paul in seinem Übungsblock, ein Reporter fotografierte ihn für eine Kunstzeitung. Schulklassen zogen an ihm vorüber, und zwei Jungen streckten ihm die Zunge heraus.

Der kleine Herr Paul wurde von allen beachtet und wollte doch nur fort, an den Strand, schwimmen, herumlaufen und in Ruhe ein Buch lesen, aber er blieb still und starr.

Dann kam der Museumsdirektor. „Was ist denn das? Die Skulptur kenne ich nicht. Schafft sie fort!“, ordnete er an.

Zwei Wärter brachten eine Kiste. Sie wollten den kleinen Herrn Paul verpacken und in den Keller stellen.

Die Kiste war groß und dunkel. Herr Paul versuchte sich zu rühren, aber es war, als wären die Knochen eingefroren.

Die Männer lösten die Kordel. Sie packten den kleinen Herrn Paul, sie hoben ihn an, stöhnten darüber, wie schwer er sei, und gerade, als sie ihn in die Box heben wollten, rief jemand von Weitem: „Ach, hier sind Sie!“

Herr Paul hörte die Stimme und erkannte aus dem Augenwinkel das Gesicht seiner Wirtin.

„Und ich habe schon gedacht, Sie wären abgereist, ohne zu zahlen!“

Die Wirtin schob die Wärter beiseite, zwickte den kleinen Herrn Paul kräftig in die Wange, und das Leben kehrte in ihn zurück. „Die Sonne

scheint wieder! Sonnentage sind Strandtage! Kommen Sie!“

Und das hatten die Museumswärter noch nie gesehen: eine Wirtin und ein Kunstwerk, Arm in Arm, auf dem Weg zum Strand.

Das Buch des L.

Der Strand war herrlich. Feiner Sand kitzelte zwischen den Zehen, die Wolken am Himmel spielten „Wer baut den schönsten Turm?“, und ein fleißiger Wind hatte sich in den Hut des kleinen Herrn Paul verliebt. Er musste ihn mit beiden Händen festhalten, damit er nicht mit einer Böe durchbrannte. Die Sonne schien, als hätte sie hitzefrei und wäre im Urlaub. Genau wie der kleine Herr Paul, der war auch im Urlaub, er machte Strandurlaub am Meer.

Die meisten Menschen saßen in hohen Körben oder lagen in kleinen Sandburgen. Von Ferne sah es aus, als sei in der Nacht eine Herde Meteoriten eingeschlagen. Der kleine Herr Paul hatte sich einen Hügel aufgeschüttet und einen Schirm und eine Liege daraufgestellt. Von hier aus konnte er alles überblicken und wurde auch nicht vom Getränkeboy übersehen. Der Getränkeboy kam alle Stunde einmal vorbei, um den Badenden seinen selbst gemachten Sommerpunsch zu verkaufen.

Gerade hatte Herr Paul sein Buch beendet und legte eine Pause ein, bevor er sich an das nächste machte. In seiner Tasche hatte er sich Leseproviant für den Tag eingepackt. Es war ein dünner Roman mit braunem Umschlag, etwas abgegriffen, obwohl er noch ganz neu war.

Der kleine Herr Paul trank einen Schluck Sommerpunsch, rückte sich zurecht, warf noch einen Blick über den Strand und tauchte in die Geschichte ein. Die Geschichte kam ihm bekannt vor. Nach zwei Seiten war alles klar, es war seine eigene. Nein, er hatte sie nicht geschrieben, er hatte sie erlebt! Ein Rätsel, denn hier war nicht die Rede von einem ähnlichen Helden, sondern der kleine Herr Paul war es selbst, Satz für Satz!

Er sah auf den Umschlag, „Das Buch des L." stand darauf. Das Buch des „L"? Der kleine Herr Paul hatte gedacht, „L" stünde für den Namen der Hauptperson. „L" wie Leonard oder Lisa, aber dieses „L" tauchte in dem Buch gar nicht auf, sondern nur er selbst, der kleine Herr Paul!

Er war sehr aufgeregt, suchte ein paar Münzen und ging zu einem öffentlichen Telefon. Er rief einen Freund an, einen, der das Bücherlesen so liebte wie er.

„Was ist los, Paul, warum so aufgeregt?“, fragte der Freund.

„Hör zu, ich habe ein Buch gefunden, es heißt ‚Das Buch des L.‘, und es steht meine Geschichte darin. Verstehst du? Meine eigene Geschichte!“

„Ach, du meine Güte, ist es sehr langweilig?“

„Nein. Aber da stimmt was nicht, das Buch ist nicht für mich, es ist für einen ‚L.‘! Ich habe einen Doppelgänger.“

„Ach!“, sagte der Freund „Du meinst, deine Eltern haben deinen Zwillingsbruder bei der Geburt verschenkt?“

„Ich weiß es nicht, wenn es ihn gibt, dann heißt er auf jeden Fall nicht Paul, sondern Ludwig, Lars oder Leander. Es ist doch das Buch des ‚L.‘!“

Der Freund fing an zu lachen. „Ach, Paul, ‚L' ist eine Abkürzung. ‚L' steht für Leben. Es ist das Buch des Lebens! Dein Buch des Lebens, Paul! Das ist was ganz Besonderes, du solltest gut darauf aufpassen."

Der kleine Herr Paul legte auf und ging zurück. Er war beruhigt, mehr sogar, er war beglückt. Er hatte sein Buch des Lebens gefunden und das im Urlaub. Hier war genug Zeit, alles in Ruhe nachlesen zu können.

Der Getränkeboy kam die Promenade herunter und lachte ihn an. Herr Paul lachte zurück und nahm sich vor, gleich in seinem Buch nachzulesen, ob der Punschverkäufer auch im nächsten Jahr hier sein würde, denn dann würde er bestimmt wieder ans Meer fahren. Und das Jahr darauf vielleicht in die Berge, ach, wie herrlich war es zu wissen, was die Zukunft brachte.

Der Sonnenschirm warf einen kreisrunden Schatten, und Herr Paul setzte sich. Er wollte das Buch gleich jetzt lesen, sah in die Provianttasche und erschrak. Das Buch des Lebens war verschwunden!

Herr Paul setzte sich gerade auf. Gab es hier Bücherdiebe? Sofort stand er auf und ging über den Strand wie eine Lupe! Immer wieder blieb er stehen und sah sich um. Wer nicht im Wasser war, saß in seiner Sandburg und las ein Buch! Es war, als hätte jeder Urlauber plötzlich ein Buch in der Hand. Die meisten waren sehr vertieft und einer lachte sogar! Ein junger Mann mit breiter Sonnenbrille warf den Kopf nach hinten und lachte wie ein Huhn, das in der Lotterie gewonnen hatte. Was war so komisch am Leben des kleinen Herrn Paul!?

Eine dicke Frau mit Sonnenbrand lüftete ihren Hut und seufzte schwer. Sie legte ein Buch mit braunem Umschlag auf ihre Knie und wischte sich mit einem rosa Tuch zwei Tränen von der Wange. Warum Tränen, war dem kleinen Herrn Paul etwas passiert? Hatte sie das letzte Kapitel seines Lebens gelesen?

Herr Paul sah über die weite Bucht, Tausende Strandkörbe lagen auf dem Strand wie Schokostreusel auf einem riesigen weißen Kuchen. Wenn er sich hier durchfragen wollte, dann konnte das Wochen dauern.

Was, wenn er es nicht wiederfand, was, wenn sein Buch verloren war, was, wenn es Fremde lasen?

Herr Paul wollte nicht gelesen sein, er wollte nicht, dass man über ihn weinte oder schlimmer noch lachte.

Auf der Promenade verkauften ein paar Trödler Bücher und Postkarten. Ein Dieb hätte sein Buch bestimmt dorthin gegeben.

„Verzeihung, haben Sie zufällig mein Buch des Lebens?“, fragte der kleine Herr Paul einen der Händler.

Der sah ihn an: „Eine Biografie? Ja, sind Sie denn berühmt?“

„Das weiß ich nicht. Das steht doch alles in dem Buch!“

169
29
67
198
193
3

„Tut mir leid. Ich habe hier nur die Lebensgeschichte eines Königs, der ein grausamer Herrscher war."

„Vielen Dank!", sagte Herr Paul und ging weiter.

Keiner der Händler hatte bessere Nachrichten, niemand besaß das Buch mit Geschichten vom kleinen Herrn Paul. Er setzte sich auf eine Bank an der Promenade.

Verzweiflung schlich sich in sein Herz, er wusste nicht mehr, was er tun konnte, es war, als hätte jemand die Handlung gestohlen, als wäre er ein Blatt Papier ohne Buchstaben. Weiß und leer und kein Stift zur Hand, um etwas daraufzuschreiben.

Still wurde es in seinem Kopf, abgeräumt waren die Tische der Erinnerung, keine Vorstellung mehr von dem, was kommen sollte, der kleine Herr Paul sah auf das Meer, und der Horizont teilte die Welt in zwei gleiche Hälften, Strand und Wasser und sonst nichts.

„Hallo! Hallo, Mann mit Hut! Sie haben Ihr Buch an der Telefonzelle liegen lassen!“, rief der Getränkeboy und winkte mit einem Buch.

Herr Paul sprang auf, erkannte das Buch des Lebens, umarmte den Finder, kaufte einen doppelten Punsch und gab ein großzügiges Trinkgeld.

Sofort danach setzte er sich in seinen Liegestuhl.

Er wollte das Ende lesen. Unbedingt, bevor er das Buch ein zweites Mal verlor, wollte er wissen, wie es ausgeht. Aber dann zögerte er. Was, wenn das Ende schon bald sein würde? Was, wenn es kein Happy End war? Der kleine Herr Paul nahm sein Buch des Lebens in die Hand. Sein Herz klopfte, seine Hände wurden feucht, er fürchtete sich, als er die letzte Seite seines Buches aufschlug. Dann las er still und voller Ehrfurcht die Worte:

Der kleine Herr Paul nahm sein Buch des Lebens in die Hand. Sein Herz klopfte, seine

Hände wurden feucht, er fürchtete sich, als er die letzte Seite seines Buches aufschlug. Dann las er still und voller Ehrfurcht die Worte: Fortsetzung folgt.

Das wilde Sommerfest

Der Briefkasten war voll. Eine Woche lang war der kleine Herr Paul im Urlaub gewesen. Briefe im Kasten, Staub auf den Büchern, Erinnerungen im Kopf.

Wenn einer eine Reise tut, dann kann er viel erzählen. Aber der kleine Herr Paul war nicht der Einzige, der etwas erlebt hatte, fast alle aus dem Haus waren in die Ferien gefahren, und nun traf man sich im Flur.

„Sie sind aber braun geworden“, sagte man denjenigen, die fort gewesen waren. „Endlich genügend Parkplätze“, sagten diejenigen, die geblieben waren.

Und wer immer noch nicht zurück war, der sagte nichts, sondern schickte eine Karte, auf der stand: „Herrlich hier. Wir bleiben noch. Gruß an alle.“

Der kleine Herr Paul las auf der Treppe eine Ansichtskarte, die er sich selbst geschrieben hatte, um sich daran zu erinnern, wie gut es ihm gegangen war.

„Guten Tag, Herr Paul“, sagte die Nachbarin, als sie ihm auf der Treppe entgegenkam, „haben Sie schon gehört? Wir feiern ein Sommerfest im Hof. Alle kommen und zeigen ihre Urlaubsfotos.“

Herr Paul hatte keine Fotos, aber er hatte ein Rezept für Sommerpunsch, den würde er machen und mitbringen.

Am Abend trafen sich die Nachbarn. Feuer wurde gemacht, jemand hatte frischen Fisch, sie grillten, zeigten Urlaubsfotos und lobten den kleinen Herrn Paul für seinen aufregenden Sommerpunsch. Fast jeder hatte etwas zu erzählen, und ihr Lachen stieg aus dem Hof über das Dach und regnete über die Straße herab. Es klang wie die letzte Strandparty des Jahres.

Am nächsten Morgen erwachte der kleine Herr Paul auf seinem Sofa und konnte sich an nichts erinnern.

„Wo bin ich?“, fragte er sich halblaut und sah sich um. Überall Bücherregale! Er war also nicht mehr im Urlaub. Dann sah er seinen Lieblingssessel, das hieß, er war auch nicht in einer öffentlichen Bibliothek, sondern zu Hause. Wenn es in diesem Tempo weiterging, dann konnte er sich bald an seinen Namen erinnern. Den hatte er nämlich auch vergessen. Genauso wie sein Alter und seinen Beruf und seine gute Laune. Es war, als wäre sein Kopf eine Trommel, wenn man darauf klopfte, hallte es eine halbe Stunde lang.

„Wie heiße ich?", fragte sich der kleine Herr Paul. „Irgendwas mit ‚P'. Piet, Pepe, Poncho, Pinocchio?" Der kleine Herr Hmhmhm wusste es nicht. Er musste in seinem Ausweis nachsehen. Wo war der Ausweis? Im Anzug. Der Anzug hing im Schrank, um dorthin zu kommen, war es wichtig, erst aufzustehen.

Der kleine Herr Paul hatte vergessen, ob er Beine hatte. Er sah nach. Seine Beine waren kurz, aber da, wo sie hingehörten, Füße waren auch mit dabei. Ein Anfang war gemacht, er stand auf und holte den Anzug.

Grauer Anzug, Büroanzug! Der kleine Herr Paul arbeitete in einem Büro. Großartig. Er legte den Anzug auf das Bett. Büro! Herr Paul sah auf die Uhr, in einer Stunde musste er im Büro sein. Pünktlich um acht. Er war noch nie zu spät gekommen! Herr Paul suchte seine Sachen zusammen und fand den Ausweis. „Kleiner Herr Paul" las er. Was für ein gelungener Name, daneben ein Foto. „Ach, so sehe ich aus!" Er sah auf das Bett. Vor ihm lagen Schuhe, Strümpfe, Hose, Hemd und Jacke, alles war da, nur er selbst fehlte noch. Er kam nicht um die Ecke, um sich anzuziehen und zu sagen: „Oh, wie schön ist das Leben, gleich gehe ich zur Arbeit."

Der kleine Herr Paul fragte sich, wo er geblieben war, warum hatte er sich nicht abgemeldet, war er überhaupt nach Hause gekommen? Er rief nach sich: „Paul! Komm her und zieh dich an, wir müssen los."

Niemand kam. Dafür gab es nur eine Erklärung.

„Ich habe mich verloren."

Davon hatte er schon oft gehört, Menschen verloren sich und fanden einander nicht wieder. Im Fernsehen sollte es sogar Sendungen geben, in denen Menschen Menschen suchten, die sie lieb gewonnen hatten und die verschwunden waren.

Er hatte sich auch sehr lieb gewonnen und wollte nicht auf sich verzichten, aber was sollte er tun? Gleich fing die Arbeit an, und er musste sich beeilen. Kam er am ersten Tag zu spät, machte das einen schlechten Eindruck.

Herr Paul hasste es, einen schlechten Eindruck zu machen. Ihm war es am liebsten, nicht aufzufallen. Aber gar nicht da zu sein, fiel auf. Da zu sein und nicht aufzufallen, fiel nicht auf, aber nicht da zu sein und dabei nicht aufzufallen, war ganz auffällig unmöglich. Die Worte tanzten dem kleinen Herrn Paul vor den Augen und zeigten ihm eine lange Nase. Es war nicht einfach heute.

Tanzen!

Das war es, er hatte getanzt, gestern auf einem Fest! Einem Sommerfest! Dem wilden Sommerfest. Dort war er verloren gegangen! Jetzt musste er sich suchen gehen.

Zuerst im Hof, alles hatte im Hof begonnen, die letzte Erinnerung war der Punsch. Sie hatten ihn leer getrunken, und Herr Paul war hinaufgegangen, um neuen Punsch zu machen. Dann wieder hinunter, Urlaubsfotos geguckt, tanzen, feiern und dann nichts mehr.

Der kleine Herr Paul stand im Hof. Die Sonne beschien die Blätter in der Krone des Baumes.

‚Vielleicht sitze ich in der Krone', dachte er und sah hinauf. Eine schwarze Amsel verteidigte ihr Revier mit kräftigem Gesang.

Sie war sehr laut, der kleine Herr Paul hielt sich die Ohren zu und flüchtete ins Haus, in den Keller. Dort fürchtete er, sich selbst in einer dunklen Ecke zu finden, schmutzig und kalt, dann

hätte er sich baden müssen und wäre auf jeden Fall zu spät gekommen. Aber im Keller war nichts außer ein paar schlafenden Kellerspinnen. Es gab noch eine dritte Möglichkeit, eine, die schrecklicher war als alle Spinnen dieser Welt.

Der kleine Herr Paul hatte sich bei seiner Nachbarin verloren, die ganze Nacht! Und wenn sie sich auch verloren hatte? Irrten sie dann gemeinsam mit dem restlichen Sommerpunsch durch die Zimmer? Es half nichts, er musste fragen, musste an die Tür gehen und klingeln und sagen: „Entschuldigen Sie, aber bin ich noch bei Ihnen?“

Vielleicht würde die Nachbarin sagen: „Bei mir sind Sie nicht, aber ob Sie noch bei sich sind, kann ich nicht sagen!“

Und wenn sie es nicht sagte?

Der kleine Herr Paul fand ein paar Buchstaben in seiner Hosentasche, er hatte sie sich aufgehoben, für Notfälle. Jetzt war ein Notfall. Er nahm sie heraus und warf sie in die Luft. Sie flogen in den Himmel, blinkten auf und verschwanden.

„Sterne!“, rief der kleine Herr Paul, und dann fiel es ihm ein. Das Dach! Er war auf das Dach gestiegen, um sich in der Nacht die Sterne anzusehen! Der kleine Herr Paul lief die Treppen hinauf, rannte durch den Speicher und stieg auf das flache Dach des Hauses.

Er hatte Glück. Der verlorene Paul lag friedlich im Schatten des großen Schornsteins und schnarchte. Hier hatte er den klaren Nachthimmel beobachtet und war eingeschlafen. Neben ihm stand die leere Schüssel mit dem Punsch und zwei Gläser!

Der kleine Herr Paul weckte den kleinen Herrn Paul, sagte es sei Zeit zur Arbeit zu gehen und nahm sich mit. Die zwei Gläser erwähnte er nicht.

Zwanzig Minuten später erschien der kleine Herr Paul im Büro. Seine Kollegen warteten schon ungeduldig auf ihn. Sofort setzten sie sich

alle zusammen, zeigten ihre Urlaubsfotos und erzählten einander ausführlich von ihren Abenteuern.

Ende

Du bist der kleine Herr Paul,

für dich ist die Welt voller Wunder!

M. Baltscheit/Ulf K.
Der kleine Herr Paul mag Bücher
80 Seiten
ISBN 978-3-8333-5024-5

Der kleine Herr Paul liebt Bücher.
Er ist zwischen Bücherbäumen groß geworden und liest jeden Tag. Manchmal findet er ein falsches Ende und macht sich auf den Weg zum Dichter. Soll etwas am Leben geändert werden, geht er in ein Änderungsatelier oder er fährt mit einem unsichtbaren Zug in das Land des verlorenen Lachens. Dort findet er einen starken Mann, der ihm erklärt, wie ein guter und ein schlechter Tag aussieht …

BLOOMSBURY K&J Taschenbuch
Weitere Informationen: www.berlinverlage.de

Du bist der kleine Herr Paul,
für dich ist die Welt voller Wunder!

M. Baltscheit / Ulf K.
Der kleine Herr Paul im Schnee
80 Seiten
ISBN 978-3-8333-5026-9

Der kleine Herr Paul liebt den Winter.
Da kann man mit Schneemännern tiefgründige Gespräche führen, darf an Weihnachtsgeschenke denken und mit Kakao und vielen Büchern der Kälte trotzen. Im Inneren des kleinen Herrn Paul hingegen ist es nicht kalt, sondern warm und wärmer, besonders, wenn er an die liebliche Frau Knopf denkt. Und zum Träumen hat der kleine Herr Paul in diesem Winter ganz besonders viel Zeit.

BLOOMSBURY K&J Taschenbuch
Weitere Informationen: www.berlinverlage.de